APERÇU PHILOSOPHIQUE

SUR

LE SYSTÈME THALYSIEN

DE M. J.-A. GLEIZÈS,

PAR EUGÈNE STOURM.

Extrait de LA PHALANGE (*numéro d'octobre 1846*).

1846

IMPRIMERIE LANGE LÉVY ET COMPAGNIE.
RUE DU CROISSANT, 16.

THALYSIE

OU

LA NOUVELLE EXISTENCE.

Par J.-A. GLEIZÈS. — 3 volumes in-8°. Paris. 1840.

———

L'œuvre que nous voulons faire connaître est d'un de ces esprits qui trouvent la pensée dominante et à peu près exclusive de toute leur vie sans presque avoir eu besoin de la chercher. Il ne résulte pas de cet état moral qu'ils se tiennent immobiles au centre de leur idée fixe, dans une contemplation stérile et vaine. Au contraire, ces sortes d'esprits sont, en général, doués d'une activité insatiable : leur préoccupation leur apparaît comme un monde dont ils ont hâte de manifester toutes les merveilles; la création entière est l'objet de leurs investigations systématiques; ils pensent que la nature confirme et démontre l'excellence des vues de leur esprit, et, dans cet espoir, ils rayonnent dans toute l'étendue du cercle des connaissances humaines.

Ceux qui voudront bien suivre l'enchaînement des raisons du penseur que nous allons étudier, et se livrer à cet examen avec autant d'indépendance morale qu'il leur sera possible d'obtenir des efforts de leur volonté pour s'affranchir des préjugés et même des habitudes de leur esprit, ceux qui seront capables de ce recueillement philosophique et de ce dépouillement du vieil homme pourront dire s'il convient de ranger l'auteur de *Thalysie* au rang des monomanes ou au rang des révélateurs. C'est la question à juger, et non pas à préjuger.

Comme tous les penseurs d'une véritable originalité, M. Gleïzès peut facilement être tourné en ridicule par des esprits malveillants à force de légèreté, ou amoindri par des juges incompétents ou inattentifs. Il y a une méthode bien simple en elle-même, mais difficile cependant à appliquer à nos esprits faussés, pour comprendre les gens qui ne pensent pas absolument comme tout le monde, c'est de vouloir les écouter sans les interrompre, de lire leur œuvre sans morceler son attention par des retours intempestifs sur les pensées ordinaires de son esprit. Laissez l'intelligence, dont vous voulez connaître le dernier mot, exercer sur vous toute l'influence dont elle est capable. Vos résistances prématurées sont des entraves que la routine oppose au développement naturel de votre esprit. Laissez-vous, pour un moment, entraîner au courant de ce fleuve nouveau qui va peut-être vous conduire à un monde inconnu. Si ce monde n'est qu'un mirage, l'illusion ne tardera pas à s'évanouir, et vous aurez le droit de dire alors qu'il ne s'agit que d'un sophisme aboutissant à des chimères ; vous ne serez plus l'homme, obstiné dans son aveuglement, qui rit de Colomb et de Galilée ou qui les persécute, mais le navigateur courageux et bienfaisant qui parcourt les mers en marquant d'un signe de détresse les écueils invisibles. S'il ne vous a pas été donné de découvrir des terres inconnues, vous aurez du moins rendu plus sûres et plus directes les voies conduisant aux terres habitables, et vous aurez préservé les explorateurs futurs de bien des abîmes sans fond !..

Cela dit, nous allons nous efforcer de donner une idée exacte de *Thalysie*, et, pour être bien sûr de ne pas atténuer la pensée principale et en quelque sorte unique du système de M. Gleïzès, nous procéderons par la méthode d'appréciation ci-dessus indiquée, c'est-à-dire que nous parlerons comme si nous étions un véritable *thalysien*, prenant à tâche de reproduire les meilleurs arguments qui militent en faveur de l'idée en question, et de les reproduire dans toute leur force et, si cela dépendait de notre bon vouloir, dans tout leur éclat.

M. Gleïzès part de cette idée fondamentale que l'homme est la créature de Dieu par excellence, et, comme tel, essentiellement bon. Mais cette grandeur de l'homme entraîne avec elle certains devoirs sans l'accomplissement desquels l'homme manque à sa destinée et tombe au dessous de lui-même, jusqu'à ce que, de chute en chute, il réalise en lui, et hors de lui, le non-être, c'est-à-dire le mal. La première obligation de l'homme, celle qui contient en elle toutes les autres, c'est d'exercer sur la nature entière, qu'il domine par sa raison, une magistrature providentielle. Cette influence qu'il est appelé à exercer le constitue le représentant de Dieu sur la terre, c'est sa providence immédiate et visible ; c'est dire que cette influence doit être, sinon créatrice, dans le sens absolu du mot, du moins fécondante, presque autant, quoique d'une manière moins matérielle, que dans le phénomène de la génération. Dieu a mis sous la garde de l'homme toute sa création, et c'est aussi bien de l'être le plus humble que du plus superbe qu'il a le droit de nous demander compte. A chaque fois qu'une créature vivante élève vers lui un cri de douleur, il peut nous demander : « Caïn, qu'as-tu fait de ton frère ? » Il nous parle ainsi, en effet, et sa voix retentit dans les profondeurs de notre conscience, comme le tonnerre dans un abîme, et l'écho prolongé de cette voix éveille en notre âme de longues et salutaires épouvantes, jusqu'à ce qu'enfin ces terreurs s'apaisent au souffle de sa clémence, ou que notre âme, brisée par des chutes sans fin, soit devenue sourde au grondement de sa colère et n'ait presque plus conscience de sa volonté !...

Dans cette explication apocalyptique de l'origine du mal, la conscience humaine se constitue à elle-même, en quelque sorte, sa propre lucidité, qui se développe en raison directe de sa communion avec la vie universelle, en raison inverse de sa résistance aux desseins de Dieu. Ce miracle n'est tout simplement qu'un phénomène psycologique dont on peut clairement se rendre compte. Qui ne sait aujourd'hui que toutes les facultés de la vie s'oblitèrent et finissent par s'annihiler dans l'inertie, et se développent jusqu'à des proportions, sinon infinies, au moins indéterminables dans un exercice continu et progressif?... La conscience n'est pas en dehors de la loi de ce développement de toutes les puissances. La conscience, qui est le reflet de l'ordre universel dans l'être fini, s'obscurcit ou s'élucide sous l'influence des impressions auxquelles l'être humain abandonne sa sensibilité.

Le champ de la vie est immense pour l'homme, il peut le parcourir dans toute la plénitude de son étendue; mais il faut, pour cela, qu'il soit en accord avec toute la nature qu'il veut explorer, comme avec Dieu qu'il veut connaître. A chaque impression naturelle qu'il étouffe en lui pour marcher dans un sens contraire à la voie d'expansion universelle qui lui est tracée par son Créateur, correspond une dégradation, c'est-à-dire un abaissement dans les régions de lumière qu'il devait parcourir; le mal éteint l'entendement. A ce point de vue, l'ignorance, au moins quant à l'espèce humaine dans son ensemble, ne serait pas une excuse du mal commis, puisque le mal primitif aurait précédé l'ignorance et aurait été la cause dont celle-ci n'est que l'effet. Cela est quelquefois vrai aussi pour l'individu, quoique dans des proportions plus restreintes, ou plutôt, plus complexes, l'ignorance et le mal étant, tour à tour, et dans des combinaisons infinies, cause et effet l'un de l'autre.

Le mal apparaît dans le monde sous la forme de la souffrance qui atteste directement une rupture d'harmonie. C'est l'homme qui l'y introduit, c'est lui qui invente la douleur et la mort. L'homme ne consulta pas sa conscience pour interpréter dignement sa domination et sa supériorité. Ne regardant plus au-dessus de sa tête, il se détourna de Dieu, dont son orgueil lui rendait la pensée importune, et ne vit plus que la nature à ses pieds. Mais l'homme s'emparant d'une création qui n'émanait pas de sa puissance et ne prenant plus, en quelque sorte, son mot d'ordre à son chef suprême, l'homme, aspirant à vivre comme un Dieu pour s'affranchir de Dieu, ne devait et ne pouvait être qu'un démon !... Tandis que le vrai et le seul Dieu de la nature ne se manifestait qu'en répandant la vie sans cesse et toujours, parce qu'il en est la source intarissable, l'homme, le faux Dieu, l'usurpateur, qui n'a pas la vie en lui-même, et s'était tourné contre celui qui la donne sans s'appauvrir, la demanda aux êtres qui n'en avaient qu'une parcelle, c'est-à-dire leur donna la mort, à travers des déchirements pleins d'angoisses, pour augmenter sa vie et manifester sa puissance !... Dieu l'attendait là. Il croyait ravir la vie, il se donnait la mort. L'essence des êtres dont il brisait la destinée échappait à sa rage imbécile, il n'en saisissait que la dépouille, un moment avant qu'elle ne se décomposât, et en proie déjà à tous les éléments destructifs qui devaient en précipiter la dissolution. Au lieu donc de s'approprier les vertus et les forces des êtres dont il absorbait la vie, il s'inoculait les germes de toutes les maladies qui devaient engendrer la mort. Au lieu de demander à l'esprit de la

nature sa sève rajeunissante, il faisait charrier dans les canaux de son orga-
nisme les flots impurs de la corruption !

Dieu n'eut pas besoin pour appliquer sa justice de modifier l'exercice de sa
puissance. L'œuvre enfantait son produit naturel, comme le principe sa conséquence. Tout ce que l'homme fit souffrir eut en lui un retentissement dou-
loureux, et il paya la vie fugitive de ses victimes au prix de son immortalité.
Les êtres inférieurs qu'il engloutissait le transformaient graduellement à leur
image et le faisaient descendre à leur plus bas degré !... Son corps devait se
transfigurer sous l'influence de son âme immortelle, ce fût son âme qui devint
fangeuse et se prostitua au corps, son humble valet.

Telle est, en quelque sorte, la Genèse de *Thalysie*. Nous avons d'abord
présenté l'idée de M. Gleïzès sous sa forme religieuse et métaphysique afin de
l'envisager à sa source première et dans ses rapports avec les principes fon-
damentaux de l'intelligence humaine. Il nous semble que c'est ainsi qu'il faut
commencer par étudier une idée de cette nature. A ce point de vue (et selon
nous c'est le véritable), on voit tout de suite qu'il ne s'agit de rien de moins
que de la destinée humaine, à partir de son origine jusqu'à son terme final.
Si, au contraire, nous avions considéré cette même idée uniquement dans ses
applications, sous son aspect pratique, on eût dit qu'il ne s'agissait que d'une
question d'hygiène, ou tout au plus de morale, cette hygiène de l'âme, quand
elle sera bien entendue. Il est temps d'aborder l'idée sous cette face, alors
qu'il n'est plus possible de douter de sa grandeur, de sa haute noblesse dans
le monde intelligible ; nous dirons pourquoi nous insistons sur ce point.

Maintenant que nous savons, selon M. Gleïzès, quels ont été, et, ce qui pour
lui est la même chose, quels devaient être les rapports de l'homme avec la
nature et avec Dieu, voyons un peu ce qu'ils sont ; et si, comme cela est évident, il y a des abîmes entre ces deux états, demandons-nous quelle est la
puissance infernale qui les a évoqués.

M. Gleïzès, il faut tout d'abord se bien dire cela, a fait de ce qui n'est ordinai-
rement qu'une question physiologique une question d'ordre supérieur, ou,
pour mieux dire, la plus grande de toutes les questions auxquelles puisse
s'intéresser l'esprit humain. C'est, à son point de vue, sinon uniquement, du
moins principalement par la nourriture qu'un être établit ses rapports avec
la nature extérieure. Ces rapports seront donc salutaires ou funestes, con-
formes ou contraires à l'harmonie de l'ensemble des choses créées, selon que
cette nourriture sera elle-même conforme ou contraire à la nature, et, comme
il dit, religieuse ou sacrilége.

M. Gleïzès considère la végétation comme la véritable mamelle que la nature présente à tous les êtres qui ont conscience d'une vie distincte, c'est-
à-dire aux animaux. L'animal absorbant en lui le végétal, c'est-à-dire ses
produits, cela lui semble, non-seulement légitime, mais sublime ; c'est une véritable communion de l'être vivant avec la nature d'où il émane ; c'est plus
que cela encore, c'est une élaboration mystérieuse et sacrée des éléments
inférieurs ; c'est une voie ouverte à la nature par la Providence pour s'élever
sans cesse dans les régions de la vie. Les êtres qui vivent religieusement,
c'est-à-dire ici qui se nourrissent de végétaux, ont la conscience parfaite de

leur pleine harmonie avec le terme supérieur et avec le terme inférieur, avec Dieu et avec la nature. Ce sont eux seuls qui peuvent se considérer comme des microcosmes où se réflètent toutes les beautés de l'univers. Leur figure est la réunion harmonieuse des plus belles lignes de toutes les formes de la création. Leurs plus vives jouissances n'ont jamais été achetées au prix de la moindre douleur; ils ne sentent pas bouillonner dans leur sein des remords confus mêlés à d'incessants malaises, comme si la vie ne devait être qu'une longue agitation ou une crise aiguë. Le calme, qui est le caractère le plus saisissant de la nature végétale, a passé dans leur sang et aussi dans leur âme. Toutes leurs sensations, tous leurs sentiments, toutes leurs idées forment une douce ivresse qui s'exhale en prières de reconnaissance et en cantiques d'allégresse !...

L'animal, au contraire, qui vit de l'animal, représente, non plus une communion, mais un double blasphème, de celui qui donne la mort contre celui qui a donné la vie, et de la victime contre son bourreau ; c'est plus, c'est la mort qui entre dans la vie pour jeter en elle des éléments de rage et de destruction. On dirait d'une vengeance de l'être sacrifié, son cadavre se décompose au sein d'une existence vivace qui en est infectée, une effervescence impure monte jusqu'au siége de la pensée et la trouble des plus terribles vertiges et des plus sinistres hallucinations. L'état normal de l'être disparaît comme un souvenir lointain ; à sa place, une fièvre abrutissante et plus ou moins furieuse bouleverse la sensibilité et la précipite vers sa désorganisation. La nature entière est, pour cet être en guerre ouverte avec elle, une occasion d'irritation et de colère, c'est une soif qu'il augmente en raison même des efforts qu'il fait pour l'apaiser. Son repos n'est guère qu'un accablement d'où le vrai calme est banni, c'est un sommeil de damnés pendant lequel l'imagination s'évertue à parcourir le monde des chimères pour inventer de nouveaux supplices. Sa physionomie est sanguinolente et crispée, elle réfléchit les tempêtes de l'âme et les convulsions du corps, et de sa bouche ne s'exhalent que des imprécations ou des rugissements.

Voilà, selon M. Gleïzès, la conséquence générale des deux régimes pour tous les êtres indistinctement. Quant à l'homme, loin de faire exception à cette règle il en est, au contraire, la plus éclatante et la plus déplorable confirmation : créé par Dieu pour s'élever de plus en plus vers lui, avec la conscience de son mérite, à travers des sphères de justice et de bonheur, à charge d'approcher la nature aussi près que possible de sa perfection, et de seconder tous les êtres dans l'accomplissement de leur destinée, créé, en un mot, pour être l'intermédiaire providentiel entre Dieu et tout ce qui n'est pas lui, il a exploité sa position au centre de la création contre la création elle-même. Il a pensé, dans sa folie d'orgueil, qu'elle avait été faite exclusivement pour lui, et nullement pour elle-même, et ce raisonnement, qu'il appliquait à la nature dans son ensemble, il en fit également l'application à chaque être en particulier. Il crut bêtement, cet être si fier de son esprit, que la vie des animaux lui appartenait, sans d'ailleurs se demander sur quel étrange principe reposait le droit d'une telle propriété !...

La nature en tressaillit de terreur, et elle sembla communiquer son épouvante à tous ses enfants; le roi de la création fut reconnu pour un vampire qui n'épargnerait que ceux qu'il ne pourrait atteindre; le sauve qui peut fut mis à l'ordre du jour jusqu'à ce que le chef revînt à la raison, et le droit de légitime défense fut proclamé dans toute son étendue. Il n'en pouvait être autrement, le monde avait un malfaiteur à sa tête; quel assassin aurait l'audace de revendiquer le respect de ses enfants ou de ses serviteurs?...

Le désordre aspire toujours à reculer ses limites; il est envahisseur de sa nature, et, une fois en veine de succès, il n'aspire à rien de moins qu'au trône de l'univers. L'homme qui avait mis le monde en désordre ne pouvait pas y être inaccessible, le désordre entra dans son cœur comme dans son domicile naturel : il en avait la clef. L'homme s'était dit, car l'être injuste ne peut être conséquent avec lui-même : « Je considérerai la douleur et la mort comme de toute nécessité quand il s'agira de mon bien-être tel que je le conçois; mais en même temps que je professerai le plus profond dédain pour la vie de tous les êtres, je proclamerai la vie humaine inviolable et sacrée... » Cela eût été possible si Dieu l'eût permis en donnant clairement la preuve qu'il ne faisait cas, lui-même, parmi toutes ses créatures, que d'une seule, à laquelle il sacrifiait volontiers toutes les autres. Mais qui se permettrait d'afffirmer en Dieu une aussi monstrueuse opinion? Personne, pas même ceux qui la lui voudraient suggérer. Il en résulta que le mal, arbre fécond à sa manière, porta bientôt tous ses fruits. Ce qu'il y avait de vrai, en dépit de tous les sophismes, c'est que l'homme n'avait pu donner la mort sans se rendre cruel, sans s'accoutumer à la vue du sang, et qu'il ne lui fallait plus qu'un mince effort, la plus légère occasion pour se servir de son insensibilité contre ses semblables. Les plaintes, les cris d'angoisse de tous les êtres vivants, se ressemblent beaucoup et répondent tous au cœur qui n'est pas dénaturé. Le sang est de la même couleur, on sait quelle peine on a à le distinguer. Supposez avec cela un peu de haine, une rivalité, une opposition d'intérêts, le moindre malentendu, et la distinction achèvera de disparaître. Comment ne pas se montrer au moins aussi rigoureux, aussi impitoyable à l'égard d'un homme qui vous a nui qu'à l'égard d'un pauvre animal qui ne vous a rien fait? Cela comble la distance, et, au lieu d'étendre l'amour qu'on aurait au cœur pour toute l'humanité jusque sur la nature, on étend jusqu'à l'humanité les habitudes de meurtre et de cruauté qu'on exerce sur les animaux.

Il y a ici une objection qu'on pourrait faire, mais, à vrai dire, je n'en connais aucune de quelque importance que M. Gleïzès n'ait prévue et réfutée. « Que l'homme puisse être homicide sous l'influence d'une passion contrariée, dira-t-on, cela n'est que trop vraisemblable, et les annales du crime ne l'ont que trop fréquemment prouvé; mais là s'arrête sa coupable ivresse, et le meurtrier se fait en général horreur à lui-même, et va même quelquefois, dans les angoisses de ses remords, jusqu'à s'arracher la vie à son tour. Vous voyez bien qu'il n'y a aucune analogie entre de tels actes et les actes ordinaires par lesquels nous faisons servir les animaux à l'entretien de notre vie. » Le sophisme est complet. Mais on n'a pas si bon marché de l'auteur de *Thalysie.* Tout en vous accordant qu'il y ait des assassins fort à plaindre, et dont les remords ont été, aux yeux du moins du juge suprême, une suffisante expiation, il vous dira qu'il n'en est ainsi qu'autant que le meurtrier en est à son premier coup, et encore qu'il n'est pas ou n'est plus sous l'influence d'une de ces vengeances dont l'homme dégénéré est parfaitement capable; car, selon lui, l'homme est arrivé à dévorer son semblable à force de le haïr; et, n'ayant pas trouvé sa chair plus mauvaise qu'une autre, il se promit bien de ne pas s'en priver à l'occasion! Direz-vous que ce sont des sauvages dont on parle ici, c'est-à-dire à peine des hommes? Mais est-ce que les naufragés de la Méduse, les assassins du maréchal d'Ancre sous Louis XIII, et enfin quelques cannibales de la révolution étaient des sauvages? non; seulement, ils avaient trouvé l'occasion de développer en eux cet instinct qui prend naissance dans l'habitude d'arracher la vie et de se nourrir d'une chair frémissant, tout-à-l'heure encore, sous notre main ensanglantée. M. Gleïzès déclare que d'un carnivore à un anthropophage il n'y a que la distance d'un préjugé!..

Sans aller jusqu'à l'anthropophagie, les hommes reportèrent fréquemment sur eux-mêmes toute la rage dont leur cœur était dévoré. Or, la nature est abandonnée à elle-même pendant que l'homme se livre aux passions meurtrières qu'il décore des noms les plus pompeux et les plus menteurs. Ou plutôt la nature ne cesse de recevoir l'influence de l'homme ; dût celui-ci tomber dans les plus extrêmes aveuglements, et rouler jusqu'au fond des abîmes du mal, elle en est toujours, et quand même, le retentissement et l'expression. L'homme alimente son âme de pensées mauvaises, de sentiments destructeurs, et la nature engendre des espèces d'êtres hideux et malfaisants qui sont les symboles, les signes sensibles de ces pensées et de ces sentiments. Alors le cercle vicieux apparaît ; l'homme réclame à son tour le droit de légitime défense vis-à-vis de ces êtres révoltés contre lui, il se dit qu'il a bien le droit de tuer ce qui l'empêche de vivre, et il part de là pour légitimer toutes les barbaries que lui suggère son imagination dépravée; mais, selon l'expression de M. Gleïzès, l'homme a bien moins le droit de tuer les espèces les plus féroces ou les plus nuisibles que de les empêcher de naître.

A mesure que nous apprenons à mieux observer les faits naturels, nous découvrons certaines propriétés salutaires dans des animaux que l'on aurait volontiers considérés comme émanant d'une intention mauvaise de la force créatrice ; on arrive à reconnaître que, eu égard au milieu subversif d'où ils sortent et où ils vivent, ils remplissent certaines fonctions sans lesquelles ce milieu serait encore plus contraire aux conditions de la vie générale. Ce sont, précisément, les êtres chargés de toutes nos malédictions et de toute notre haine qui accomplissent les actes les plus importants, les plus essentiels au salut commun. Sans tel monstre, dont le nom seul inspire de l'effroi, dont la forme, comme la tête de Méduse, pétrifie d'horreur ceux qui la voient un instant, sans toutes ces abominations vivantes dont la terre semble infectée, cette terre ne serait plus habitable, et l'air corrompu aurait, depuis longtemps, asphyxié notre espèce. Ces êtres-là vivent de tout ce qui nous ferait mourir.

Rendez la terre à elle-même, qu'elle se purifie et se féconde comme Dieu l'a voulu, comme il nous en a fait la loi, à l'instant même l'animalité se transfigure, et les êtres dont la vie était toute relative à l'état de subversion dont,

par le fait, ils atténuaient les effets, les monstres succombent sous le bra
d'Hercule, et rentrent dans le néant comme des apparences que les ténèbres
seules avaient évoquées.

Ce qui distingue M. Gleïzès de tous les moralistes, avec lesquels il semble
avoir d'ailleurs quelques rapports, c'est qu'il n'admet pas que les bonnes
actions dont l'homme est capable doivent résulter de perpétuels efforts. Tant
que l'homme, pour accomplir le bien, pour pratiquer la justice, pour établir
l'ordre, en un mot pour réaliser l'idéal, aura besoin de lutter contre lui-
même, contre ses penchants, contre tous les mobiles qui le font agir sponta-
nément, la cause du bien, de la justice, de l'ordre et de l'idéal ne sera pas
gagnée définitivement. Le bien sera toujours, du moins en ce qui est du res-
sort de l'homme, à l'état d'exception ; l'homme de bien sera considéré comme
une âme d'élite, c'est-à-dire comme une rareté, presqu'un phénomène. « On
se lasse dans l'exercice de la vertu, dit le père Rapin, par l'opposition qu'elle
a aux inclinations naturelles. » Ce n'est évidemment pas là le but final que
se proposent les régénérateurs. Aux plus mauvais jours, d'honorables et glo-
rieuses exceptions se sont manifestées, ce n'en était pas moins les plus mauvais jours de la vie de l'humanité. La question vraiment morale ne consiste
pas à demander de bonnes actions à un être devenu mauvais et qui accomplit un véritable tour de force chaque fois qu'il fait le bien, mais à régénérer
l'être, soit, selon qu'on admet ou qu'on rejette l'histoire de la chute, en le
ramenant à son point de départ, à son origine céleste, à son état primitif,
ou en le poussant vers le plein accomplissement de ses destinées par le complet développement de toutes les forces, c'est-à-dire, ce qui est la même
chose au fond, de toutes les vertus que Dieu a mises en lui. Or, pour M. Gleïzès,
le moyen d'arriver à cet épanouissement normal et moralisateur de l'être,
c'est de fuir, comme la pomme de l'Éden, la nourriture qui ne peut s'obtenir
que par la mort et la douleur, c'est-à-dire le meurtre et la cruauté, l'injustice et le sacrilège. Son but est dans un rapport saisissant avec celui de tous
les socialistes qui, par le fait, loin d'abolir la morale, comme on les en accuse
parce qu'ils font la guerre aux illusions de certains philosophes à cet égard,
élèvent, au contraire, la morale à une puissance supérieure en cherchant les
moyens de rendre l'homme à lui-même, à sa véritable nature, c'est-à-dire de
le rendre bon ; alors le bien ne sera pas obtenu d'une manière factice en
quelque sorte, à peu près comme lorsqu'on demande à un être ce que sa
nature ne comporte pas ; non, le bien sera le produit naturel de sa libre
activité, parce que tous les mouvements de son âme et les appétences de son
corps le dirigeront vers le bien.

M. Gleïzès attend ce résultat du moyen qu'il propose. L'homme en état
de grâce à ses propres yeux, qui peut descendre dans sa conscience sans y
entendre l'écho d'une plainte, sans y trouver un vengeur, l'homme *désani-
malisé*, et, par conséquent, rendu à toute la noblesse de son essence, aspirant aux progrès qui lui sont promis par son désir et ses intuitions, réalisant
toujours plus complètement l'idéal qu'il porte en lui, et entraînant dans son
ascension tous les êtres dont il est redevenu le Dieu visible, comme ces pla-
nètes qui entraînent tous leurs satellites dans des tourbillons d'harmonie,

voilà le bonheur qu'il promet aux hommes quand ils seront rentrés dans leur loi naturelle, quand ils respecteront Dieu dans tout ce qui a vie et mouvement.

M. Gleïzès a jeté ses regards dans le passé pour voir s'il n'apercevrait pas quelques précurseurs de la vérité qu'il proclame. C'était un homme de bien, il eût aimé à être devancé dans la voie. Qu'a-t-il trouvé ? il a découvert que la moitié, en quelque sorte, de son idée avait été connue et mise en pratique par différents peuples et par différents personnages, mais que ces peuples ne la pratiquaient que sous l'influence de la superstition, et ces personnages sous l'influence de l'orgueil, ou, tout au plus, comme une spéculation de l'esprit. Nul ne s'est avisé d'en faire un devoir et d'y appliquer la loi de justice qui eût amené à sa découverte. Les Indous n'osent frapper aucun animal, ils poussent cette crainte jusqu'à s'interdire le droit de légitime défense, jusqu'à respecter la vie dans ses plus horribles et ses plus funestes manifestations, mais tout simplement parce qu'ils voient dans ces animaux le fractionnement de l'humanité antérieure, les formes fatales qu'ils revêtiront à leur tour. Les philosophes de certaines écoles, entre autres les pythagoriciens, s'interdisent l'usage des viandes, mais aucun principe de justice, aucune conception de la vie générale ne préside à cette interdiction ; ils ont seulement reconnu que la viande matérialise l'esprit, que le mort a prise sur le vif pour ainsi dire, et, comme ils adorent l'intelligence, ils proscrivent tout ce qui en entrave les développements. Enfin, des âmes religieuses prennent sur elles de s'abstenir, à certains jours consacrés, de l'usage des viandes, mais elles croient faire en cela un grand sacrifice à Dieu, se mortifier d'une manière très méritoire ; cela leur semble si difficile qu'elles rusent sur ce sacrifice, et déclarent, en vertu sans doute de l'axiome qu'il est avec le ciel des accommodements, que le poisson n'est pas de la viande, définition très négative, puisqu'il nous reste à savoir ce que c'est.

Ainsi donc : superstition grossière, moyen de surexciter les forces de l'esprit ou d'être agréable à Dieu, voilà tout ce que le passé a vu dans l'idée en question ; personne n'a même entrevu qu'il s'agissait d'un principe de justice absolue, d'un devoir rigoureux, personne ne s'est demandé sérieusement à quelle source l'homme puisait son droit de vie et de mort sur les animaux, et quelle conséquence cette usurpation devait avoir sur toute sa destinée présente et future.

Notre tâche d'exposition est à peu près terminée, il nous reste à donner une idée de la forme sous laquelle s'est produite la pensée de M. Gleïzès : quelques citations peuvent seules en donner un aperçu. Plaise à Dieu que nous ayons pu parler dignement d'une œuvre faite avec tant de conscience et de dignité ! Nous serions heureux de penser que nous avons fait prendre au sérieux une œuvre si sérieuse, et d'avoir fait passer dans notre faible esquisse quelque chose de l'émotion profonde que nous avons constamment éprouvée pendant tout le cours de cette longue lecture. C'est un des livres qui nous ont donné, à nous, enfant du dix-neuvième siècle, habitué déjà depuis longtemps à examiner les désordres de l'esprit contemporain, désordres qui se paralysent, Dieu merci, par leur diversité même ; c'est un des livres qui nous ont communiqué le plus de vie morale, qui se sont emparés de notre attention, de notre respect, de notre recueillement avec la plus irrésistible autorité. C'est que l'homme qui l'a écrit n'a pas cédé à un caprice fugitif, à une excentricité passagère, comme il en vient aux esprits désœuvrés. Cet homme, en exprimant son idée, racontait toute sa vie. Il a vécu quarante ans sous l'influence d'une de ces convictions qui transforment l'existence, et son existence en a été, en effet, à tout jamais transformée. Voilà pourquoi nous considérons cet homme comme un missionnaire spécial, alors même que sa mission ne pourrait pas encore être comprise. Les hommes de bonne volonté sont tous, comme le marquis de Posa, de Schiller, — citoyens de l'avenir !...

M. Gleïzès est dans la ligne des grands réformateurs par son amour de l'idéal comme par sa misantropie profonde. S'il exalte la vie universelle dans l'animalité, ce n'est pas le moins du monde qu'il méconnaisse la grandeur et la supériorité relative de l'espèce humaine. « L'homme étant un dernier résultat, et, pour ainsi dire, un être à part, dit-il, il ne peut pas être mis sur la même ligne que les animaux, mais il est lié à toute la nature comme le fruit l'est aux branches de l'arbre, et, par elles, au tronc et aux racines, et, ces rapports plus ou moins prochains lui imposent des obligations. » — « C'est la bonté, s'écrie-t-il, qui est la justice de l'homme. » Mais il ajoute bientôt : « L'homme n'est point encore connu, il est à naître. » Puis enfin, reportant ses yeux sur l'homme en pleine subversion, son humeur s'assombrit, et les plus désolantes inspirations du pessimisme lui arrivent naturellement à la pensée : « Toutes les fois, dit-il, que j'ai été parmi les hommes, j'en suis revenu moins homme ! » — « La terre arrosée de sang ne peut produire que quelque chose d'analogue. » — « Tu es homme, dis-tu ?... Si tu l'étais, tu serais à ton poste. La générosité, la bonté, la douce pitié te trouveraient toujours prêt ; non, tu n'es pas homme, et c'est pour cela que je te hais ; je hais la bête féroce qui a pris ta place. » — « Les hommes ne conservent la mémoire que du mal qu'on leur fait. » — « Les chefs des nations finiront par exciter un orage qui réunira la Seine à la Vistule. » — « Les révolutions de l'homme, desquelles il attend toujours de plus heureuses destinées, ressemblent aux éruptions des volcans, qui commencent par être belles et finissent par être infectes. » — Puis, se résumant dans une admirable formule, d'ailleurs très-familière à l'École de Fourier, il s'écrie : Il faut, de toute nécessité, obéir à un homme dès qu'on a désobéi à la nature. »

Son pessimisme se précise de plus en plus sous l'influence de sa préoccupation, et alors, il se demande : « Comment l'homme n'a-t-il pas compris qu'il était en horreur à la nature en voyant tous les êtres fuir à son approche ? N'est-ce pas la nature elle-même qui se replie et s'éloigne pour laisser seul un méchant ? » — « Il est triste de penser qu'il n'y a point d'homme sur la terre, l'Indou excepté, dont la mort ne soit un bénéfice pour la nature ! »

Quant aux animaux, dont il s'est fait le défenseur d'office, il se contente de déclarer, sans se livrer à des hypothèses plus ou moins contestables à cet égard, que « les animaux ont absolument les mêmes notions que l'homme ; seulement, ils les ont à des degrés différents. » — Ou bien il s'autorise de quelques faits isolés, de quelques observations ingénieuses, sans doute parce qu'à ses yeux, l'opinion qu'il professait sur la nature des animaux n'était rien de moins qu'une vérité d'évidence qu'il eût été au moins puéril de démontrer. C'est ainsi qu'il rapporte que le voyageur Le Vaillant dit avoir vu un singe dont il était si émerveillé qu'il pensait que l'intelligence des Hottentots était à celle de ce singe comme *un* est à *dix !* ou qu'il offre ce tableau si spirituellement tracé : « Quand on a vu trois singes, l'un blessé, l'autre qui met le doigt sur la blessure, et le troisième qui mâche les vulnéraires qui doivent la guérir, pense-t-on que ces trois singes soient inférieurs de beaucoup à l'homme qui, placé dans un coin du tableau, a fait la blessure, et rit de la douleur qu'il a causée ? »

Si M. Gleïzès eût voulu sanctionner son opinion par d'illustres exemples, il en eût trouvé partout et de tous les temps. Montaigne disait, en parlant de l'homme et des animaux : « C'est une mesme nature qui roule son cours. » — Le jésuite Gaston Pardies disait, en répondant aux Cartésiens, que, si les bêtes n'étaient que de pures machines, celui qui les ferait jouer devant nous ne serait que le *plus habile des jongleurs ;* ce qui n'est pas mal pour un jésuite.

Nous n'avons en vue, par les citations que nous empruntons à M. Gleïzès, que de donner une idée de sa forme presque toujours à la fois élégante et vigoureuse, et constamment empreinte d'un sentiment profond, et en même temps de justifier l'analyse que nous avons faite rapidement du système de *Thalysie.* Cet homme que nous avons vu tout à l'heure si profondément affecté des plus amères tristesses dont l'âme humaine puisse être atteinte, nous allons le voir actuellement rayonner d'allégresse en face de son idéal. Voyez quel sentiment de la vie ou plutôt de la communion universelle, et combien l'homme est ici parfaitement représenté comme le prêtre de cette communion : « L'homme est malheureux, et, quoiqu'il ne le soit que par sa faute, tous les êtres qui l'entourent doivent partager son destin. Ah ! quelle idée vaste et féconde !... l'innocence de l'homme est nécessaire au bonheur de la nature ! » — Et encore : « Il ne peut y avoir d'harmonie entre l'homme et les êtres supérieurs quand il la viole envers les êtres inférieurs. Par ce fait seul, l'homme est rejeté de la nature, et est exclu de la présence de Dieu ! »

Le végétal, qu'on n'oublie pas cette distinction, fondamentale dans l'esprit de M. Gleïzès, est créé pour embellir et entretenir la vie de tous les êtres qui vivent sur la terre, tandis que tout ce qui a vie et mouvement est créé pour soi-même, et non pour un autre que lui. — « Pourquoi les fruits, se demande-t-il, nous font-ils tant de plaisir ? Parce que Dieu les a créés pour nous. Et les animaux, quand ils prennent la place de ces fruits, pourquoi font-ils tant de peine ? parce que Dieu les a créés pour eux. »

Ces végétaux, il les aime si passionnément, il est si éloigné de se croire en état de privation en leur demandant exclusivement la satisfaction de ses appétits, qu'il déclare, avec la plus touchante candeur, que tel légume est si exquis à son goût qu'il lui semble n'avoir pas assez mérité de Dieu pour avoir acquis le droit de s'en nourrir. « L'âme de la nature, dit-il, se compose de sons, de parfums et de fruits ; si l'on sort de ce cercle, on n'est plus soutenu par elle, et quel guide n'a-t-on point perdu ! »

Écoutez-le dans ses effusions de poésie .

« Le soleil a son arbre, c'est l'oranger, qui donne ses fruits pour les deux solstices. La lune a aussi le sien, c'est le palmier, qui pousse une nouvelle branche à chaque renouvellement de cet astre. Ah ! la nourriture de l'homme est préparée avec un soin infini ; chaque étoile y verse une des plus salutaires influences ; c'est afin que l'âme de l'homme soit formée de celle de toute la nature. »

L'auteur de *Thalysie* emploie tour à tour, pour détourner l'homme de se nourrir de chair, les sentiments les plus variés. Mais il va surtout alternativement du sentiment de notre intérêt bien compris au sentiment de justice que nous avons dans notre conscience, ou plutôt qui est notre conscience même ; au nom de notre intérêt, il nous répète à satiété, et avec l'accent d'une conviction absolue : « La chair tue ce qui est bien, et nourrit ce qui est mal ; les fruits, tout au contraire. » — « Eh quoi ! vous enfermez dans votre sein une chair qui a souffert, et vous vous étonnez que son fruit soit la douleur ! » — Le régime carnivore abrutit : « Comment admettre des sentiments d'une nature élevée, avec le meurtre des animaux ?.. Si l'on y pense, l'injustice est patente ; si l'on n'y pense point, la stupidité ne saurait être douteuse. » Voilà un dilemme *ad hoc* : infâme ou stupide, c'est à choisir. — Il reproduit ailleurs le dilemme sous forme d'observation :

« Le régime animal, dans les pays froids, produit l'hébétation, et dans les pays chauds, la férocité. Les pays intermédiaires participent à la fois de l'une et de l'autre. » Voilà un tableau complet en quelques mots : l'humanité est, en vertu de son régime, ou bête ou cruelle, ou tous deux à la fois.

L'école de Pythagore, comme M. Gleïzès, avait bien reconnu que la chair empoisonne l'esprit, c'est-à-dire surexcite les passions inférieures dans l'homme au préjudice de ses sentiments et surtout de son intelligence, mais il ne lui a pas été donné de voir, comme M. Gleïzès, que « plus on est éloigné des animaux par les qualités morales et spirituelles, plus l'usage de leur chair est nuisible. » Ce qui est très logique. Elle n'avait pas remarqué non plus que : « Les hommes ont d'autant plus de mépris pour les animaux, et sont d'autant plus cruels à leur égard, qu'ils se rapprochent d'eux davantage, c'est-à-dire qu'ils occupent un rang plus inférieur parmi les êtres de leur propre espèce. » Ce qui est le complément de la même observation. Encore moins Pythagore et ses disciples se seraient-ils avisés d'admettre comme une vérité absolue que toutes les maladies qui affligent l'espèce humaine ont pour unique cause le régime contre nature qui met la mort dans la vie. Enfin , M. Gleïzès va jusqu'à affirmer que l'homme, en vivant ainsi , contrairement aux vues de la nature, cesse d'être immortel, par sa propre faute : « Il serait bien singulier, dit-il, que l'immortalité pût résulter d'une vie faite de sang et de meurtre. »

Ailleurs il développe la même pensée de la manière suivante :

« L'homme était né pour vivre de longs jours, pour ne quitter la terre qu'après l'avoir connue et pesée ; et, s'il ne la connaît point, s'il n'a point atteint le but pour lequel il y a été placé, comment espérerait-il en sortir ? La peine la moins forte qui pourrait en résulter ne serait-elle point qu'il refît le voyage ?.. »

En vue de la justice et du droit éternel, sa parole n'est pas moins grave et tranchante, elle est même peut-être encore plus absolue : « Il faut, dit-il, que ceux qui s'efforcent de prouver que l'homme (la première des créatures) est fait pour vivre de meurtre y regardent à deux fois : car, en prouvant cela, on prouverait qu'il n'y a point de Dieu, un Dieu méchant ne pouvant être admis. » Cela étant posé, il ajoute, comme corollaire : « La viande est athée, les fruits renferment la vraie religion ; il est impossible de les porter à la bouche sans songer à Dieu et à sa providence. » Et aussi cette pensée gracieuse et mélancolique : « Sans les plantes, l'existence de la divinité demeurerait incertaine ; une simple violette en dit plus à cet égard que tous les discours des moralistes. O honte ! c'est l'homme qui fait douter de Dieu ! » Sa poésie est inépuisable pour célébrer la nature à laquelle il voudrait ramener les hommes : « Les parfums des plantes renferment les diverses nuances de la pensée, et il serait impossible de ne point reconnaître en eux quelque chose qui se lie particulièrement aux destinées humaines. »

M. Gleïzès pensait sans doute qu'il avait été envoyé ici bas pour enlever à l'homme tout prétexte d'ignorance à l'égard du mal qu'il commet, et c'est, sans doute, dans ce sens qu'il s'écrie : « Lorsque après une faute, on ne se relève pas pour monter plus haut, on doit descendre, et toujours de plus en plus. » — C'est dans le même sentiment qu'il se place lui-même dans cette alternative suprême : « J'ai troublé la terre ; d'innocente qu'elle se croyait, je l'ai faite criminelle ; j'y ai semé le remords comme la poussière ; si je me suis trompé, tout ce qu'elle a éprouvé de calamités depuis qu'elle existe, n'égale pas celles dont je l'accable, je suis digne de tous les supplices. Mais, si je ne me suis point trompé, il n'y aura pas assez de voix pour reconnaître mes bienfaits. » — Cela n'a-t-il pas le cachet d'une véritable grandeur ?...

Revenant à la question de droit, il interpelle, avec sa vivacité habituelle, tous les libres penseurs : — « Je défie tous ces hommes qui se parent si faussement du titre de philosophe de donner une seule bonne raison pour justifier le meurtre des animaux, ils seront réduits à parler du grand nombre, de ce grand nombre qu'ils méprisent dans toute autre circonstance. »

La définition qu'il donne du *barbare européen*, qui n'est rien de moins que le *civilisé*, est digne de remarque : « Vil esclave, dit-il, malgré ses cris de liberté, il se croit permis tout ce qui ne lui est pas strictement défendu par une loi autre que celle que Dieu a gravée dans son cœur. »

C'est sans doute sous l'influence de cette pensée irritante qu'il propose de substituer au proverbe : *la chair fait la chair,* qui lui semble aussi faux qu'atroce, celui-ci : *la chair des bêtes rend bête,* ce qui est tout pythagoricien.

Le phénomène de la décrépitude est ainsi expliqué par M. Gleïzès : « Le corps survit à l'esprit dans les carnivores, l'esprit survit au corps chez ceux qui ne vivent que de fruits. C'est la parfaite image de ce qui a lieu après la mort, ou plutôt, c'en est l'acheminement. »

Veut-on l'expression de sa pensée dominante sous une forme pittoresque ? il dira : « La plupart des hommes ne mettent aucune différence morale entre ces deux régimes (carnivore et herbivore), il en est une cependant qu'il es impossible de méconnaître, c'est celle qui existe entre un jardin et une voierie. »

Toutefois, le crime suprême de l'espèce humaine ne lui semble pas toujours également exécrable : « Il est des circonstances aggravantes, dit-il ; celui qui tuerait une mouche en hiver serait assurément un méchant homme, et le geôlier qui écrasa l'araignée de Pélisson était un monstre. »

Notre compte-rendu deviendrait bientôt un livre lui-même s'il nous fallait seulement mentionner toutes les observations empruntées aux sciences naturelles en confirmation directe ou indirecte de son principe. — Nous aimons mieux faire connaître, encore par quelques citations, jusqu'à quel point, armé de son *criterium*, il s'est approché de la science encore vierge de l'analogie universelle. « Le buffle et le taureau, dit-il, se ressemblent on ne peut davantage, ainsi que le loup et le chien ; on ne connaît rien de plus fort que l'antipathie qui existe entre ces espèces. — « Jérôme Lalande (l'astronome), qui mangeait les araignées, avait une figure qui présentait la parfaite image de cet insecte. » — « Il existe une ressemblance très prononcée entre le crapaud et le rhinocéros, tous deux habitants des marécages ; ils marchent tous deux les jambes écartées. » — « Le palmier, dont le pied est presque dans la mer, porte des écailles de poisson sur son tronc ; le pin, le catalpa, le rotin, le salac, l'ananas en portent sur leurs fruits. »

Pour dire toute sa pensée sur la mission de l'homme sur la terre, il fait ainsi parler la nature : « Est-ce moi qui ai créé les marais de Surinam, ou bien est-ce une circonstance qui m'est étrangère ? et si, abusant de la faculté créatrice que j'ai répandue dans l'univers, la corruption s'en saisit, la boursouffle en araignées hideuses, l'alonge en serpents monstrueux, ou la divise en des myriades d'insectes, dont chacun renferme sa goutte de venin, est-ce ma faute ? N'est-ce pas plutôt la tienne, toi que j'avais créé pour être mon auxiliaire, pour me remplacer au besoin, et qui avais reçu pour cet objet toute l'intelligence nécessaire ?.. Je te le demande maintenant, pourquoi n'as-tu point ouvert des chemins aux eaux et donné à l'air une libre circulation ? Était-ce au dessus de ta portée ? »—Dans un autre endroit, il dit encore : « Que l'Américain ouvre ses forêts au soleil, qu'il donne une issue à ses eaux stagnantes, et tous les reptiles, tous les insectes venimeux s'écouleront avec elles. » — Enfin, rempli de cette idée féconde, il va jusqu'à dire : « Voulez-vous faire disparaître la férocité du tigre et du lion ? Éteignez le foyer d'infection sur la terre et dans l'air, alors la colère les abandonnera. L'aigle prendra les traits de la colombe, l'abeille n'aura plus de dard, et les épines mêmes rentreront dans l'écorce des arbres. » — Certes, ce sont là, pour la science méticuleuse de notre temps, de véritables rêveries. Cependant, Lamarck, naturaliste dont le savoir pouvait faire contre-poids à celui de Cuvier, n'était pas si éloigné de cette hypothèse quand il pensait que l'animalité était le produit de son milieu, au moins quant à ses formes extérieures. Cela n'implique-t-il pas la modification des formes et par suite des instincts des animaux, lors du changement des conditions de leur existence ?...

Comme tous les penseurs chargés d'une véritable mission, M. Gleïzès a foi dans son *criterium* de certitude, et ce *criterium* est tout en même temps téméraire et profondément religieux.

« Je pose cette règle comme sûre, dit-il, tout ce que l'œil de l'homme voit, sa main tôt ou tard peut l'atteindre, sans exclure ce que son œil ne voit pas. » — Autre application de la même règle :

« Lorsque je vois la caille ne pouvant se rendre en Afrique sans le secours des vaisseaux ou sans succomber à la fatigue, j'en tire la conclusion qu'il n'y avait point autrefois de Méditerranée, et que la terre formait, sans discontinuer, une masse continentale dont l'Océan était la ceinture. » — Ce n'est pas là l'induction permise par une logique vulgaire. Mais y a-t-il rien de vulgaire en tout ceci?... Il ne se montre pas moins hardi dans les opinions auxquelles il tente de donner un caractère scientifique ; la lumière zodiacale, « mer invisible, qui part des extrémités de la terre, qu'elle enveloppe tout entière, pour aller ou revenir, de fluctuation en fluctuation, jusqu'aux rivages dorés du soleil, » lui semble le chemin que suivra l'âme en sortant d'ici-bas pour arriver à son nouveau séjour.

Quelle question, dans cette recherche de toutes les preuves possibles de son idée, l'auteur de *Thalysie* n'a-t-il pas au moins effleurée?... Il a voulu effrayer les hommes de leur cruauté envers les animaux, en leur en faisant entrevoir les conséquences jusque sur leur postérité la plus lointaine; et, pour cela, il a fait invasion dans le domaine phrénologique ; à ce point de vue, il conjure l'homme de s'abstenir d'un régime monstrueux dont les conséquences s'étendront jusqu'à sa postérité la plus reculée. La constitution d'un scélérat a peut-être sa source dans ses ancêtres, c'est peut-être une concentration morale et physiologique de tous les excès commis par ses devanciers; terrible et sombre solidarité, hérédité fatale qui seule serait déjà plus que suffisante pour engager tout homme ayant quelque conscience à s'abstenir de chair.

Ses idées sur l'équilibre de population rappellent l'harmonie préétablie de Leibnitz, en ce qu'il pense que cet équilibre n'a besoin pour s'établir d'aucun moyen artificiel, mais demande, au contraire, et tout simplement, que la nature soit livrée à elle-même dans les meilleures conditions de son épanouissement. Aussi ne craint-il pas d'avancer que la population ne saurait, dans aucun cas, être trop forte avec le régime végétal, tandis qu'elle est toujours en excès avec le régime contraire. « *Nous sommes trop nombreux*, est, dit-il, le mot affreux qui sort de toutes les bouches en Europe, où l'on ne compte environ que mille individus par lieue carrée, dans les États les plus peuplés, qui pourraient en nourrir vingt fois davantage. » — Il pense, au reste, en vertu de sa logique, que le régime végétal s'établira sur la terre par la force des choses, mais il voudrait que la moralité humaine devançât ce moment. Noble vœu, que chacun forme à l'égard de son idéal.

Il dit encore sur le même sujet : « La crainte d'une population excessive est tout-à-fait chimérique. La nature se modère elle-même ; un individu ne naît point lorsque sa place est prise. » — Il laisse entendre aussi, plutôt qu'il ne déclare, que la nourriture normale réglera la fécondité et la maintiendra dans les limites rationnelles. Les analogies sont évidentes avec la doctrine de Fourier sur cette question, une des plus graves, certainement.

La presse est restée silencieuse à l'égard de M. Gleïzès. Nous dirions volontiers qu'elle lui a fait en cela beaucoup d'honneur, et qu'elle lui a rendu justice à sa façon. Devant une œuvre en dehors des habitudes ordinaires de l'esprit humain, un livre qui n'a aucune chance d'être bien vendu, qui ne sera lu que par quelques rares rêveurs, devant un ouvrage tout à la fois excentrique et consciencieux, que vouliez-vous que fît la presse ?... Qu'elle se tût !... et c'est le sage parti qu'elle a adopté ; mais, en notre qualité d'amant passionné de l'idéal et de disciple d'un homme persécuté par le dédain , nous dirons : « Si la vérité vous importe, et si sa recherche sincère vous intéresse, soyez à l'affût de tout ce dont la presse ne parlera pas, il y a grande chance que vous vous mettrez, par cela même, en mesure de ne rien laisser passer de ce qui a une valeur réelle dans le champ de la pensée , sans compter que vous éviterez les conceptions nauséabondes de la littérature mercantile, qui vous seront indiquées par de nombreuses réclames , ce qui vous constituera un double profit.»

Nous avons une honorable exception à mentionner. M. Blot-Lequesne a consacré son premier *fragment de philosophie sociale* à une appréciation, sinon rationnelle, du moins consciencieuse du système thalysien. Mais, en même temps que nous rendons justice à la bonne intention du juge, nous devons dire qu'il nous est impossible de ratifier son jugement. M. Blot-Lequesne a assimilé le système de M. Gleïzès au matérialisme, ou, du moins, au sensualisme, dont il diffère essentiellement. Redisons-le ici : pour M. Gleïzès, l'hygiène est élevée à une puissance supérieure ; la nourriture est , en quelque sorte , spiritualisée ; c'est ou ce doit être une communion de l'être avec le monde extérieur. Quant à l'objection qui fait le fond de la critique de M. Blot-Lequesne, laquelle consiste à dire que l'homme ne peut vivre sans détruire à chaque instant des milliers d'êtres , même à son insu, et qu'il n'y a aucune raison pour respecter davantage les êtres qui nous entourent , et dont les dimensions plus considérables ne prouvent absolument rien , M. Gleïzès y a répondu à l'avance en légitimant tout d'abord le cas de légitime défense, mais en faisant toutefois remarquer que tuer un ennemi ou le manger sont deux actions très-différentes et nullement inséparables, et en déclarant ensuite que s'il y a un droit dans l'homme de détruire les espèces nuisibles, il y a un devoir encore plus évident de les empêcher de naître , en maintenant , par ses libres efforts, la création dans son état normal.

M. Blot-Lequesne a aussi reproché à M. Gleïzès d'être tombé dans les exagérations de l'esprit de système, mais c'est là un reproche un peu bien vague, et qui n'aura de valeur qu'alors qu'on aura déterminé avec précision là où commence l'esprit de système et ce qu'on doit entendre par ses exagérations ; jusque-là, on n'y pourra voir qu'un lieu commun du scepticisme qui , embarrassé par la logique inflexible d'une idée poussée à ses dernières conséquences, se tire d'affaire par une fin de non-recevoir.

Quant à nous, pendant tout le temps que nous avons consacré à l'étude de ce système, nous avons cherché avec ardeur les points de contact qu'il pourrait avoir avec nos convictions, et nous pensons en avoir découvert quelques-uns. On a vu comme M. Gleïzès sape la vieille morale dans sa base, et rétablit les conditions de la véritable moralité humaine, en voulant rendre le bien facile et naturel à l'homme par l'effet de sa régénération ; comme il conçoit la destinée de l'homme sur le globe, destinée toute providentielle, ayant pour objet d'en faire le Dieu visible de la nature, alors qu'il est en harmonie avec les vues du Créateur; comme il a pressenti les merveilles de l'analogie universelle en constatant les influences réciproques des différentes forces de la vie générale, et, notamment l'action sur l'être du milieu qui l'environne. Ce sont là des liens de parenté spirituelle que nous revendiquons.

Devons-nous finir par quelques misérables critiques de détail? Il ne faut du moins pas les passer sous silence, et nous les exprimerons en souhaitant qu'elles servent de gage de la sincérité de notre admiration. Il est à regretter que M. Gleïzès n'ait pas donné à l'exposition de son système une forme plus dogmatique. C'est, si on peut dire ainsi, une synthèse présentée dans sa décomposition; les preuves fourmillent, surabondent, mais nulle part l'argument ne se présente dans toute la plénitude et toute la rigueur de sa formulation. C'est d'un système très-complet qu'il s'agit, et l'on dirait, à ne pas y regarder de bien près, que ce n'est qu'une observation empirique qui pense trouver sa preuve en s'appuyant sur d'autres observations. Pour nous, ce n'a été là que l'illusion d'un esprit tellement convaincu qu'il a estimé ne plus devoir enseigner la vérité que sous les formes de l'évidence; mais enfin il fant bien se dire qu'ainsi présentée la synthèse est à refaire pour l'esprit vraiment philosophique qui la veut comprendre et pénétrer. Ajoutons aussi que ce penseur, avant tout homme de bien, supposait aussi, sans doute, que son idée, ainsi présentée, aurait un rapport plus direct avec la vie pratique, et serait peut-être moins éloignée de sa réalisation; car il songeait à la réalisation, sinon pour les hommes de son temps, du moins pour la génération qui s'élève. C'est ainsi qu'il s'écrie : « De quelque côté que je porte mes yeux pour faire fructifier la semence de vie que j'ai déposée dans ce livre, je ne trouve que vous, ô enfants, qui soyez prêts pour la recueillir ! »

Nous voici arrivé à la fin de notre rapport. Nous avons fait connaître le système et aussi, par quelques citations, l'homme qui l'a conçu. Il nous reste encore à remplir la partie la plus délicate de notre travail, il nous reste à prendre une conclusion sur l'idée fondamentale de *Thalysie*. Notre analyse, toute de sympathie et d'entraînement, a dû la faire pressentir, mais nous croyons néanmoins devoir déclarer formellement que la pensée de M. Gleïzès nous semble, en principe, *absolument* vraie. Nous croyons que M. Gleïzès ne s'est nullement trompé dans la portion de vérité qu'il lui a été donné de découvrir. Oui, nous disons comme l'auteur de *Thalysie*, que l'homme ne doit pas être le bourreau de la nature, et qu'il a mal interprété les lois de la vie en détournant la création de son but naturel pour accroître artificiellement la puissance de sa personnalité. Nous croyons qu'il s'est condamné à vivre sous l'influence tyrannique de ses plus bas instincts, en pratiquant la vie en dehors des conditions de la justice et de l'amour, et nous ne nions pas qu'il ait développé en lui les germes de toutes les subversions et, par suite, de toutes les douleurs, en s'inoculant les vices infects qui se dégagent dans la décomposition des corps; en mettant, comme le dit si bien M. Gleïzès, la mort dans la vie, au moyen d'une nourriture sacrilège. Rien de tout cela ne nous semble trop invraisemblable, et si notre esprit n'est pas pleinement convaincu, notre conscience du moins adhère sans réserve, et notre cœur se passionne pour cet idéal. Mais la question n'a-t-elle pas plusieurs aspects sous lesquels on peut l'envisager, et, parce qu'on adopte les conclusions d'un raisonnement, est-ce une raison pour adopter ce raisonnement dans toute son étendue, et tel qu'il est présenté?... Expliquons-nous : M. Gleïzès ne s'est pas contenté d'assigner un but final à l'espèce humaine, qu'elle atteindrait sous certaines conditions ; il est allé plus loin, et en cela, selon nous, il a erré en deux sens. D'abord, il s'est imaginé que l'homme, dans des temps plus ou moins fabuleux, avait vécu d'une vie toute *thalysienne*, puis, que, de gaieté de cœur, il s'était posé en persécuteur du monde, et avait empoisonné à la fois son âme et son corps dans un fanatisme d'orgueil, dans un accès d'amour satanique pour le mal pur...

Certes, nous sommes loin de nier la chute dans l'histoire métaphysique de l'humanité. Tout l'atteste : les vagues réminiscences de notre âme et ses merveilleux pressentimens, le sentiment intime de notre grandeur et de notre faiblesse, que Pascal a si bien exprimé. La chute ne sera bientôt plus niée par aucun penseur sérieux ; mais il s'agit de la bien comprendre, et nous croyons que ce que nous en racontent les traditions religieuses les plus consacrées, ne suffit pas pour nous en donner une explication absolue.

Les religions du passé, même quand elles ont été émancipatrices, ont considéré le développement de l'homme sous la forme de l'expiation ; elles n'auraient pas osé reconnaître que la chute elle-même avait été providentielle, en ce qu'elle était la condition naturelle et absolue de la création de la conscience et de la liberté dans l'homme. Quand il s'agit des temps primitifs de l'humanité, il est permis de parler de son innocence, mais non pas de sa vertu, c'est-à-dire de son mérite. Il y a, de l'une à l'autre de ces deux expressions, la distance qui sépare le point de départ du but final. Il est donc bien possible, à ce point de vue que nous indiquons en passant, que l'homme ait été *thalysien* à un temps quelconque de sa vie, dans la sphère sociale que Fourier a décrite sous le nom d'Éden, alors que la nature était dans le premier épanouissement de sa splendeur, et qu'au sein de cette nature la vie n'était guère qu'une extase confuse. Mais quand la création fit sentir à l'homme, qui en attendait tout, qu'au contraire elle attendait tout de lui, alors il eut dans l'âme un sentiment de profonde et douloureuse surprise, première initiation à une vie distincte. Alors il devina, il comprit qu'il avait quelque chose à faire, une mission à remplir, mais sans même soupçonner de quoi il s'agissait, et quelle pouvait être cette mission. Il fallait d'abord qu'il se repliât sur lui-même pour se chercher et se comprendre, et cette seule étude a demandé tant de siècles que leur période n'en est pas encore écoulée ! L'homme se creuse, s'examine, s'interroge toujours, et, avant de se connaître et de se tracer exactement les limites de son domaine et l'étendue de ses obligations, on sait quelles aberrations monstrueuses se sont emparées de son esprit, et à quelles erreur sil est encore en proie. Il a donc dû cesser d'être *thalysien* comme il a cessé d'être *harmonien*, il a marché avant de connaître la route qu'il avait à parcourir et les forces qui lui étaient données pour la franchir ; delà, tous ses égarements, toutes ses faiblesses, et aussi tous ses désespoirs et toutes ses douleurs ! Cela était inévitable, et c'est parce que nous considérons la chute comme inévitable que nous considérons aussi la vie humanitaire, qui en a été la conséquence, autant et plus comme un développement que comme une expiation.

La seconde erreur de M. Gleïzès découle de la première. Pour lui, la bonté dans l'homme est la force et la vertu suprême par laquelle il ressemble à Dieu. Cela est beau et vrai en même temps ; c'est aussi notre profonde et intime conviction. Mais la bonté d'un être se développe en raison même du développement de sa vie. Si les êtres inférieurs ne sont pas bons, cela ne vient pas de ce qu'ils préfèrent la méchanceté à la bonté ; cela, en eux, n'a aucun sens, leur manière d'être résulte de leur essence, et non d'un libre choix. Or, l'homme tend, depuis qu'il est créé, à se *désanimaliser,* et ce dégagement des éléments inférieurs de sa vie a pour effet de créer en lui la conscience, c'est-à-dire de la rendre de plus en plus délicate et lucide. Tel acte que l'homme de l'antiquité considérait comme l'exercice d'un droit, l'homme moderne l'envisage comme une honte et une infamie. Ce qu'un homme ignare accomplit sans vergogne, fait rougir un homme de quelque éducation ; pourquoi cette différence ?... Parce que la conscience s'éclaire, l'œil de l'esprit prend de la force et aperçoit des choses qui lui étaient d'abord invisibles. L'âme humaine, cette fleur du ciel, arrive enfin à son tour à son complet épanouissement ; l'homme n'arrive que progressivement à toute la possession de son libre arbitre.

On voit où nous en voulons arriver. Le règne de l'homme sur la nature sera le règne de la bonté même, quand toute sa destinée sera accomplie mais cet accomplissement successif est en raison directe de la progression de son développement. Le proverbe, dont on a fait un si funeste usage : *Charité bien ordonnée commence par soi-même,* a peut-être un sens profond. Il veut peut-être dire que, dans sa mission émancipatrice, l'humanité ne peut rien faire avant de s'être elle-même affranchie. Ses misères, en effet, paralysent son essor et par conséquent sa puissance, et il ne faut lui demander immédiatement qu'en raison de ce qu'elle a obtenu. M. Gleïzès voulait l'affranchissement de l'animalité ; il proposait, en quelque sorte, que tout être vivant eût droit de cité, dans la mesure des vues de Dieu sur lui, parmi tous ses frères de la création ; c'est bien, voilà l'idéal, voilà l'avenir !... qui sait même si M. Gleïzès lui-même en a atteint les limites ?... L'animal a éveillé toutes les tendresses de son âme ; mais l'animal, est-ce toute la création ?... Savons-nous bien toutes les transfigurations du principe de la vie ? Connaissons-nous seulement cette nature qui nous est confiée ?... Pas le moins du monde. Ce qu'elle a de plus évident, ce qu'elle montre à sa surface, voilà tout ce que nous savons d'elle, et le savons-nous bien ? Cependant, dans ces secrets de la nature, qui sont encore des mystères pour notre intime développement, sont écrites les dernières obligations de notre intelligence ! Le roi de la création, non seulement ne connaît pas toutes ses attributions et tous ses priviléges, mais il ne connaît même pas son empire !

Dans cet état de choses, que peut faire l'homme, sinon mesurer ses entreprises sur ses connaissances ? Il faut qu'il commence par le commencement dans l'accomplissement du grand œuvre, et ça été là le tort de M. Gleïzès : il a pris une branche du grand travail de la rédemption pour la rédemption elle-même, et il a voulu que, toute affaire cessante, l'humanité procédât de la façon qu'il indiquait. M. Gleïzès est mort à la peine. Il aura son tour, nous n'en doutons pas. L'homme de l'avenir, l'homme de pleine harmonie sera *thalysien*. Mais aujourd'hui *Thalysie* est une intuition anticipée; providentielle, sans doute, en ce qu'elle nous donne de bonne heure conscience d'une des tâches qui nous sont réservées, mais sans valeur pratique immédiate, en ce que l'instrument de l'œuvre proposée a lui-même besoin de se refaire et de se retremper.

Mais, dirait M. Gleïzès, s'il vivait encore parmi nous, ne suffirait-il pas que tous les hommes s'entendissent sur ce point pour que leur régénération, telle que je l'ai conçue, s'accomplît? — Oui, peut-être que cela suffirait, mais le moyen que tous les hommes s'entendent et se réunissent dans une même croyance?... Voilà précisément la question préalable contre laquelle viennent échouer, du moins provisoirement, toutes les vérités partielles.

M. Gleïzès pratiquant quarante années de sa vie le principe qu'il considérait comme la vérité même est certainement admirable, mais il ne suffit pas à démontrer l'excellence immédiate du principe. Il prouve seulement que l'individualité la plus pure est impuissante à transformer le milieu qui l'environne, en tant que composé d'êtres libres comme elle. Si M. Gleïzès pouvait nous entendre, nous lui demanderions si, lui-même, pense qu'il a obtenu de sa vie à part tout le résultat qu'il en attendait pour l'humanité toute entière. Évidemment, non. N'était-il pas, à l'égard de tous ses semblables, en état de lutte et de protestation?... Les faits et gestes de l'humanité qu'il avait sous les yeux n'exaspéraient-ils pas son âme, qui se promettait tant de quiétude et de douce ivresse?... Dans ce livre même de *Thalysie*, qui semble d'ailleurs un évangile d'avenir, ne s'est-il pas glissé d'amères récriminations? N'y trouve-t-on pas des traces de prévention violente contre des hommes de génie et des nations entières?... Pensait-il qu'un thalysien, au règne universel de Thalysie, aurait senti sourdre dans son cœur ces levains de colère et de haine? Non, sans doute; et voilà pourquoi l'humanité doit procéder logiquement à son œuvre, sûre qu'elle rencontrera dans sa ligne de conduite, tracée avec rectitude, tous les progrès qu'il lui est donné d'accomplir.

Mais assez de restrictions : nous voulons que nos derniers mots expriment notre impression la plus vive et la plus profonde, et nous ne croyons le pouvoir mieux faire qu'en déclarant que, depuis Platon et Jésus, jamais âme plus douce et plus aimante n'a rayonné parmi nous.

Eugène Stourm.